APPEL

A LA

CHARITÉ DE NOS CATHOLIQUES.

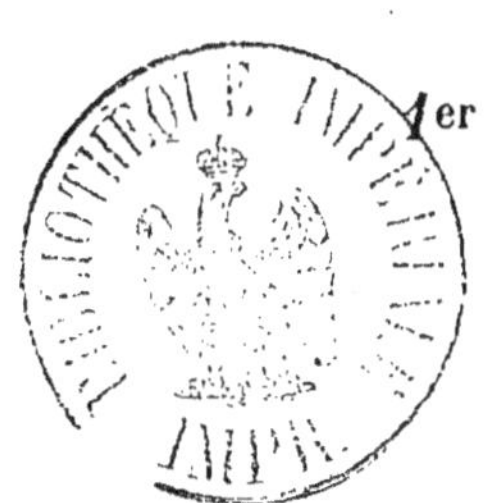

1er *JANVIER 1860.*

NIMES.

DE L'IMPRIMERIE BALLIVET,

PLACE DU MARCHÉ, 8.

1860.

APPEL

A LA CHARITÉ DE NOS CATHOLIQUES.

1er JANVIER 1860.

I.

Domine dilexi decorum domus tuæ et locum habitationis tuæ. (Ps. 25.)

Nisi Dominus edificaverit domum, in vanum laboraverunt qui edificant eam. (Ps. 26.)

Seigneur, j'ai aimé la beauté de votre maison et la demeure où habite votre gloire.

Si Dieu ne bâtit lui-même la maison, les ouvriers auront travaillé en vain.

Depuis longtemps déjà, l'intérêt paroissial s'attache à tout ce qui concerne une œuvre qui s'enracine de plus en plus dans l'esprit et dans le cœur de notre si éminemment catholique population. On se demande ce qu'il en est de ce projet de construction d'église qui, acclamé par tous nos fidèles, a éveillé de si hautes et si puissantes sympathies. Le Conseil municipal occupé à l'étude de cette question, après l'avoir examinée avec l'attention scrupuleuse qu'exige la gravité des intérêts qui s'y rattachent, avait eu l'honneur de soumettre avec confiance le résultat de son examen à Messieurs du Conseil des plus forts imposés ; ceux-ci, jaloux de s'associer à une de ces grandes et salutaires mesures par lesquelles ils ont prouvé qu'ils savent aussi bien comprendre les conditions de l'ordre moral que celles de la prospérité matérielle de la localité, avaient donné leurs suffrages en nombre suffisant, et le projet qui avait triomphé de cette double épreuve, n'avait plus qu'à subir le contrôle et l'approbation de l'administration départementale, et, en dernier ressort, la haute approbation et la sanction ministérielles. Aujourd'hui, un silence inquiétant plane sur une question dont la solution est si vivement et si impatiemment attendue.

Faudrait-il y voir l'indice du découragement, ou bien dissimulerait-il une défaite que l'on n'oserait point avouer, mais qui se laisse deviner ?... Ce projet ne se réduirait-il pas à une de ces espérances qui doivent tristement passer au rang des illusions ? Ces demandes nous ont paru trop légitimes pour que nous n'ayons pas cru devoir y satisfaire ; nous le faisons par ces quelques pages que nous publions ; au besoin, elles dissiperaient vos craintes et ranimeraient vos espérances. Des projets aussi grandioses ne s'élaborent qu'avec une certaine lenteur qui peut bien irriter l'impatience de ceux qui ont hâte de jouir, mais qui en assure et le succès et la durée. Il est, du reste, de la sagesse d'une bonne administration de savoir faire leur part aux difficultés et ne pas les aborder de front au risque de se briser contre elles.

Dieu merci, ces difficultés qui, cinq ans durant, ont enrayé la marche de notre projet et trahi le bon vouloir de l'administration, sont aujourd'hui singulièrement aplanies : la générosité de la population qui a merveilleusement secondé l'action bienveillante de l'autorité locale, dont la pensée intime, qui nous était personnellement connue, n'est aujourd'hui un secret pour personne, n'aura pas peu contribué à amener un prochain et éclatant triomphe.

Nous plaçons aujourd'hui sous les yeux de la pieuse curiosité de nos lecteurs le compte-rendu de l'œuvre. Nous avons pensé que cette revue de la charité de la population lui serait d'autant plus glorieuse que la mesure de ses dons répond à la réputation de sa foi. Si Dieu, comme tout semble nous l'indiquer, a réservé à notre paroisse l'insigne honneur de lui élever une église qui ne soit pas tout à fait indigne de la grandeur de Celui qui daignera y fixer sa demeure, disons à sa louange que, saintement orgueilleuse et religieusement fidèle à sa mission, elle en aura accepté le bénéfice sans en répudier les charges.

Les difficultés que nous laisserons entrevoir sont de celles inhérentes à de semblables entreprises. Si nous les mentionnons, ce sera pour nous faire pardonner le nouvel appel que nous ferons à votre charité, en venant mendier auprès d'elle et pour l'heureuse réussite de notre projet, *une aumône et une prière.*

II.

Peut-être, nous écarterons-nous tout d'abord du cadre que nous nous sommes tracé ; mais nous sommes sûr d'intéresser la piété et de réjouir la foi de nos lecteurs, en leur signalant l'heureux mouvement religieux qui s'opère de nos jours et se traduit par la construction d'églises dignes de la foi de nos pères. Quant à ces esprits qui s'alarment des œuvres difficiles, qui sont toujours disposés à alléguer l'impossibilité, pour déguiser la faiblesse de leur foi et de leur courage, ils verront dans ce qui se passe autour de nous ce que peut une pensée qui vient de Dieu et qui retourne à Dieu.

Le sentiment religieux se réveillant en effet au sein des populations, un généreux élan s'est manifesté de tout côté pour la reconstruction et l'embellissement des églises ; il en a fait surgir à l'envi des temples majestueux, preuves irrécusables de la vanité de ces prédictions impies, qui vont annonçant que le catholicisme s'en va , alors qu'il manifeste son éternelle jeunesse et sa vie impérissable par cette végétation de toutes les œuvres chrétiennes, qui naissent du sol catholique de la France comme d'une terre généreuse et féconde. C'est que lorsqu'un peuple a des convictions vraies , il faut qu'elles se manifestent ou qu'elles disparaissent de son cœur. Tous les siècles de foi ont bâti des temples à Dieu, les siècles d'impiété les ont démolis ; la folle incrédulité a su envelopper dans une même haine Dieu, sa religion, ses prêtres, ses églises, tout ce qui lui parlait de la foi. Aussi, sommes-nous heureux de constater que de grands progrès religieux se sont accomplis. Les populations n'ont point voulu s'arrêter à des satisfactions toutes spéculatives ; ses efforts ont tendu à les rendre permanentes et stables par l'érection de ces monuments qui portent à travers les temps les élans de ses convictions et le témoignage de son admiration.

Nous avons lieu de nous réjouir en voyant notre diocèse de Nimes s'associer largement à ce mouvement religieux qui s'est manifesté en France et qui se traduit , depuis une vingtaine d'années surtout, par la construction et la restauration des églises.

La ville épiscopale est fière de nous présenter comme nouvel ornement de ses boulevarts sa belle église romano-byzantine de Saint-Paul, sous le rapport religieux une des œuvres les plus remarquables exécutées en France dans ces dernières années ; elle se lie honorablement aux savantes restaurations de Notre-Dame de Paris et de la Sainte-Chapelle, à la construction ogivale de Sainte-Clothilde , à tout un ensemble de travaux consciencieux et réparateurs dont l'initiative appartient à la France, et qu'on pourrait caractériser justement du nom de Renaissance chrétienne.

C'est un honneur pour la ville de Nimes d'avoir, la première peut-être, fourni à l'art religieux l'occasion de se manifester pleinement en lui donnant une œuvre complète à traiter, une église à construire, à décorer, à meubler dans le style profondément chrétien du xiie siècle, en affectant un million à cet emploi ; c'est là plus qu'un encouragement, qu'un acte de libérale munificence, offert par une cité déjà fière de ses monuments antiques et qui, au sein même des commotions politiques de la patrie, va se civilisant dans la justice et dans la paix. C'était une direction imprimée, un but indiqué : le spiritualisme et l'orthodoxie de l'art ; c'était aussi une heureuse pensée noblement populaire, vraiment civilisatrice et chrétienne, dans des contrées aux longues luttes, aux grandes divisions historiques, d'associer toutes les intelligences, toutes les sympathies, tous les respects, d'intéresser toutes les satisfactions locales dans une même œuvre de haute moralité religieuse et de haute pacification.

Nous lisions, il y a quelques mois, dans une feuille de la localité :

« On pourrait compter plus de soixante églises construites ou notablement agrandies, dans ce dernier temps, dans notre diocèse. Nimes a voulu se donner un nouveau monument dans l'église de Sainte-Perpétue, si curieuse, si élégante, si hardie dans ses formes. Dans le voisinage de Nimes, Rodilhan, Bouillargues, nous offrent leurs églises agrandies, restaurées. Redessan nous reproduit avec toute sa majesté, quoique dans des proportions réduites, Saint-Paul de Nimes. Jonquières eut le mérite de l'initiative dans ce grand mouvement de reconstruction. Garons, arrivé au couronnement de son église quadruple de l'ancienne, a eu la douleur de suspendre ses travaux à raison de difficultés qui ne tarderont pas à disparaître, et alors la joie fera oublier la douleur de l'enfantement. Manduel est à l'œuvre. Marguerittes, Bellegarde, Milhaud ont recueilli des fonds, tracé des plans, et attendent impatiemment l'exécution des ouvrages. Générac possèdera, avant quelques mois, sa belle église romano-bysantine, avec sa tour majestueuse regardant d'un côté la tour de son église cathédrale et de l'autre la basilique de Saint-Gilles, chef-d'œuvre incomparable de l'art bysantin. »

On nous pardonnera une prédilection et une préférence de famille en signalant à nos lecteurs les restaurations exécutées dans les églises comprises dans le rayon de la circonscription du canton ecclésiastique d'Aimargues.

L'église du Cailar, autrefois notre annexe, aujourd'hui notre sœur, dominant les tribulations aussi bien que les temps, renaît à la joie et reçoit du zèle de ses curés, de la générosité des fidèles et de la munificence de l'administration ce manteau d'honneur dont elle se pare et qui la rend admirable aux yeux de notre affection.

La paroisse de Vauvert reproduisait naguère une de ces scènes touchantes du moyen-âge, où les vieillards comme les enfants, les femmes comme les hommes, prenaient part à la réparation et à l'embellissement de la maison de Dieu, et où de jeunes filles, revenues le soir du travail des champs, trouvaient encore assez de force pour transporter des matériaux en chantant des cantiques en l'honneur de la Sainte-Vierge. On aurait dit des flots d'harmonie mêlés à des flots de charité.

Bernis vient de relever sa flèche qui se dresse comme une pensée d'espérance vers le ciel. Uchaud et Mus dilatent l'enceinte de leurs églises devenues insuffisantes, et la paroisse de Gallargues, richement dotée, applaudit au dévoûment de son digne curé qui, ne voulant pas emprisonner son zèle dans les étroites limites d'un intérêt local, se dépense au profit d'Aiguesvives dont il relève le sanctuaire et l'autel.

Nous donnons avec joie ces détails ; ils consoleront et rassureront quelques esprits qu'effraie la prétendue imminence d'une formidable réaction anti-catholique. Assurément, une réaction contre les doctrines et les sentiments chrétiens est toujours possible, pour ne pas dire inévitable. C'est un fait fréquent ou plutôt permanent dans l'histoire, et si cette réaction ne triomphe pas toujours, on y travaille toujours. Mais enfin, quels que soient les efforts et les désirs de l'ennemi, le vent ne souffle pas de ce côté : la mobilité des personnes, des situations et des événements, au temps où nous sommes, ne ralentit en rien ce feu sacré au cœur des populations qui les presse de bâtir au Seigneur des demeures magnifiques, consécration la plus élevée du sentiment religieux qui les anime et qui en sont comme le magnifique épanouissement.

III.

La paroisse d'Aimargues pouvait-elle rester étrangère à ce beau mouvement religieux ?

Notre dévoûment personnel à une si sainte cause laisserait trop vite deviner le sens de notre réponse. Aux yeux de quelques-uns, elle apparaîtrait empreinte d'une certaine partialité : n'en affaiblissons pas la valeur. Contentons-nous d'exposer simplement les motifs qui ont déterminé la paroisse à s'associer à cet élan qui se manifeste pour la reconstruction et l'embellissement des églises.

Nous les réduirons à cinq :

1° L'esprit de foi qui anime notre population ;

2° L'insuffisance de l'église actuelle si peu en rapport avec sa dignité d'église cantonale ;

3° L'accueil généreusement sympathique qu'a rencontré ce projet ;

4° Le haut et puissant patronage dont nos supérieurs ecclésiastiques l'ont honoré ;

5° Enfin, le vote favorable de notre conseil municipal sanctionné par celui des plus forts imposés.

Nous donnerons à chacun de ces motifs le développement qu'il comporte. Le lecteur y trouvera la réponse à une question dont la solution intéresse à un si haut point l'avenir d'une œuvre qui nous tient singulièrement à cœur.

IV.

Esprit de foi qui anime notre population.

La paroisse d'Aimargues est du nombre de celles qui ont eu le bonheur de garder toutes les habitudes de la foi , et avec elle tous les autres avantages qui l'accompagnent. Patiente dans ses souffrances , héroïque dans ses convictions et immuable dans ses croyances et dans ces pratiques auxquelles le monde reviendra s'il ne veut pas périr, son plus beau titre de gloire sera d'être demeurée intrépide dans ses convictions religieuses aux jours de la grande tribulation et de la défaillance presque universelle de nos contrées. Ses maîtres essayèrent d'entreprendre d'altérer sa foi, de changer sa religion , de la détacher de l'unité de l'église; elle est restée invariablement fidèle à toutes ses croyances, elle n'a point fait naufrage dans la foi chrétienne ; catholique avant tout , elle n'a point imité la docilité des contrées voisines en mettant sous le joug sa foi même et sa conscience ; elle a su défendre sa foi, et sa conscience lui a dit qu'il valait mieux obéir à Dieu qu'aux hommes. Le vent qui dessécha tout avant de tout déraciner souffla sur elle ; si elle s'inclina un instant, toute vie religieuse ne s'éteignit point ; elle retrouva bien vite la plénitude de la lumière et de la force, et s'il y eut, ce que nous n'admettons pas , un moment de défaillance, elle sut glorieusement racheter une faute qui n'aurait eu que la valeur d'une méprise et la durée de l'erreur.

La paroisse n'a pas encore épuisé cette bénédiction de son berceau qu'elle recevait de la main de ces bons religieux, qui défrichèrent notre sol , le fécondèrent de leur sueur, et à qui nous sommes redevables, après Dieu, du don inestimable de la foi ; elle n'a pas non plus épuisé cette seconde bénédiction renouvelée, dans sa jeunesse, par ce pieux et saint monarque qui, allant en terre sainte et traversant notre territoire, nous octroyait, avec le titre de ville, ces armoiries empreintes d'un symbolisme tout-à-fait poétique. Glorieux souvenir de nos croisades ! gage d'espérance et d'avenir ! merveilleux enseignements qui jaillissez de cette touchante allégorie, la paroisse ne vous échangerait pas contre tout l'or du monde ! En vous reproduisant, nous n'avons voulu que perpétuer et rajeunir, rendre plus durable et plus impérissable le souvenir de ce fait de notre histoire locale que vous nous rappelez. (1)

Cet esprit de foi qui nous anime désignait tout naturellement à la paroisse la part qu'elle devait prendre, et marquait la place qu'elle devait occuper dans ce beau mouvement religieux qui se manifeste. Cette vieille sève catholique, qui a jailli de tout temps de notre population en rejetons vigoureux, n'avait rien perdu de sa force première ; elle pouvait, sans laisser à l'état de souffrance les œuvres qu'elle alimentait, donner vie à ce nouveau projet.

La paroisse s'était toujours distinguée par le zèle et la sainte jalousie de la Maison de Dieu ; elle avait cherché à embellir la solitude, et orner, du moins de quelques fleurs, les liens volontaires de l'aimable et généreux captif qui l'habite et se constitue prisonnier dans ce tabernacle où son amour le tient enchaîné ; mais sa foi s'attristait de ce que la beauté de ce temple et la décoration de son autel ne publiaient pas assez haut que, pour être abaissé, il n'en est pas moins le Dieu de puissance et de grandeur. Un heureux concours de circonstances va lui permettre de manifester hautement les sentiments de sa foi, et lui fournir les moyens d'en laisser à la postérité une preuve authentique.

____

(1) Les armoiries d'Aimargues, qui nous furent données par saint Louis, roi de France, représentent une croix flottant sur la mer.

Elle ne se préoccupera nullement des commentaires de l'indifférence, de l'égoïsme et de l'intérêt; elle veut essayer d'exécuter ce que sa foi lui démontre juste et de devoir. Elle n'attribuera pas à la sagesse de ses calculs l'accomplissement des desseins qu'elle a formés. Après le succès, elle bénira Dieu, qui a vu la pureté de son intention et qui l'a fait réussir par des coups de Providence inattendus, comme aussi elle a supputé par avance les conséquences de l'œuvre. Qu'oserait-elle faire si elle ne prenait confiance en Dieu? Insensé celui qui se flatte d'accomplir le bien sans un secours miraculeux et continuel! mais celui-là serait un autre insensé, qui, désespérant d'obtenir secours, dépenserait sa vie dans cette lâche inaction qui conseille le repos. — Elle ne veut pas commettre la faute du serviteur qui enfouit son talent. — Elle veut obéir aux inspirations de sa foi, n'importe quels flots et quelle aridité la séparent de la terre promise; un chemin s'ouvrira sous les ondes, la manne pleuvra dans le désert. — Elle se mettra en marche, car à ses yeux rien ne pèsera tant, dans la balance des jugements de Dieu, comme l'inertie de la foi.

V.

Insuffisance de l'église actuelle.

Si cet esprit de foi qui anime la population indique que rien de ce qui se rattache aux intérêts de la gloire de Dieu et à la glorification de son nom ne saurait lui être étranger, il expliquerait mal le zèle qu'elle manifeste et les élans de sa générosité en faveur du projet de la reconstruction d'église, si, d'ailleurs, l'église actuelle répondait aux saintes exigences du service divin, et si l'impérieux besoin d'un nouvel édifice, plus en rapport avec l'importance et la foi de la population, ne s'était point fait sentir depuis longtemps.

Mais l'église existait déjà à l'état de désir, de vœu et d'espérance dans toutes les âmes. Depuis longtemps déjà, la population appelait avec une légitime impatience l'accomplissement de ses vœux. Aujourd'hui, elle n'obéit point à un entraînement général, elle l'avait devancé de ses désirs. Des délais imposés par la Providence, qu'il fallait savoir respecter, ne nous permettaient pas de convier la population à l'accomplissement d'une œuvre pour laquelle nous étions assurés par avance de toutes ses sympathies et de son concours le plus généreux. L'impatience de plusieurs accusait même notre lenteur à donner le signal de cette démonstration tant désirée. C'était une pensée bien arrêtée, mûrie de longue date ; car le visage de notre population ne s'est jamais laissé surprendre à l'endroit de cette question par une impression passagère, il a toujours rendu la fidèle image des dispositions constantes de son cœur. Ses actes, sa générosité, dont on ne saurait trop faire l'éloge, ont procédé d'un sentiment qui n'a rien eu d'improvisé, et dans cette solennelle circonstance, la manifestation de ses désirs et de ses vœux sera d'autant plus significative qu'elle aura été plus voulue, plus réfléchie. Pour avoir un peu plus de chaleur à la tête, notre population n'en a pas moins au cœur, et nous savons que c'est dans ce foyer que le feu est à sa place, puisque c'est de là qu'il répand utilement et sans danger sa douce et salutaire influence.

Au reste, en demandant qu'une légitime satisfaction fût donnée à ses vœux et qu'elle pût offrir une demeure *spacieuse et parée* à ce visiteur auguste, qui vient à nous de si loin et qui descend de si haut jusqu'à notre néant, la population ne portait pas trop haut ses prétentions. Chacun avait compris qu'au sein d'une paroisse honorée du titre d'église cantonale, distinction qu'elle doit au chiffre de sa population catholique, devait s'élever un monument en rapport avec l'importance de sa population. Si l'antique foi de nos pères, reprenant dans le cœur des populations voisines un plus complet empire, une de leurs premières manifestations, a été la reconstruction de ces magnifiques églises que nous leur envions; si leur foi, nous le disons en toute humilité, qui est loin d'égaler la nôtre, leur a fait comprendre que les plus riches offrandes, pour la construction du sanctuaire, ne leur paraissaient pas une assez haute expression de leur reconnaissance, amené par la force des choses, et obéissant à l'impérieuse nécessité d'une reconstruction d'église, ne nous pardonnerait-on pas la prétention, dont nous faisons l'aveu, d'avoir voulu sinon dépasser, du moins égaler dans le monument de notre piété ceux qu'ont élevés nos frères? non point que nous ignorions que Dieu n'a pas besoin de ces témoignages pour manifester sa grandeur : il est grand partout et toujours ; il était grand sur la simple pierre de l'autel de gazon, où le patriarche lui offrait ses sacrifices, aussi bien que dans les splendeurs de cette auguste et immortelle cité dont l'apôtre saint Jean a décrit les magnificences ; il était grand dans les catacombes, dans les déserts et les antres des rochers, où la proscription de son culte le contraignit plus d'une fois de cacher ses mystères, aussi bien que dans nos superbes basiliques, sublime essai du génie chrétien, qui semble avoir voulu égaler à la majesté de Dieu même les monuments élevés à sa gloire, et la plus pauvre église de village n'en révèle que mieux peutêtre au cœur tendre et pur, à l'âme aimante et fidèle, la présence du Dieu bon, *qui s'est fait à l'image de l'homme et s'est trouvé lui être semblable dans ses formes et ses plus indigentes apparences* (1). Mais c'est le privilége d'un petit nombre d'âmes choisies que cette vive appréhension de la foi, qui saisit Dieu d'une vue pure, à la manière des esprits; et pour la multitude des chrétiens, la piété a besoin du secours des formes extérieures, des images sensibles, pour se soutenir et s'exciter.

(1) Philippe, ii, 1.

Aussi est-ce bien moins pour Dieu qui peut se passer de cet appareil, enveloppé qu'il est , comme parle saint Augustin , dans sa propre grandeur , que, pour nous-mêmes, pour notre consolation, pour notre édification , pour notre instruction, pour la perfection de notre adoration et de nos prières, que l'on sollicite notre zèle en faveur de l'œuvre sainte des églises.

Ces quelques considérations nous ont paru nécessaires : il ne fallait pas que l'on pût se méprendre sur la sublimité du principe qui dirige nos actes. Nous aurions pu le faire plus longuement , nous avons cru que ces quelques mots suffisaient. Que si la population avait demandé une de ces églises qui , par la pureté de son style , l'élégance de ses formes , la richesse de son ornementation rappelât les belles époques de l'art chrétien et la foi qui les a inspirées, antiques et vénérables basiliques , où rien n'avait été épargné par la piété de nos pères, pour donner au culte divin toute la splendeur qu'il comporte , on aurait pu nous accuser d'une certaine prodigalité. Mais la paroisse avait des prétentions plus modestes : elle demandait une de ces églises que l'esprit de foi , qui n'a rien perdu au milieu de nous de sa puissance et de sa fécondité , inspirait autrefois , conservant un caractère de grandeur réduite aux proportions d'une grave, somptueuse et élégante église de petite localité. —Nous aurons bientôt lieu d'admirer ce que peut l'esprit de suite et de persévérance : l'action simultanée, constante de la population , grâce à sa générosité, va élever les ressources presqu'au niveau des besoins de l'œuvre.

VI.

Accueil généreusement sympathique que rencontre le projet au milieu de notre population.

Notre pauvre petite église était devenue une impossibilité absolue, évidente pour tous. Un remaniement , des ré-

réparations partielles , un agrandissement n'amenaient qu'un insignifiant résultat, l'une de ces demi-mesures qui ne satisfont personne, absorbent des sommes considérables et impriment à une œuvre un cachet de mesquinerie dont plus tard les plus chauds partisans déclinent la responsabilité... Mais à côté de cette impossibilité évidente pour tous, se dressaient, on ne peut plus effrayantes, les difficultés des moyens de construction ; et on se souvient encore des longues hésitations et des tâtonnements divers par lesquels nous avons dû passer avant d'arriver à la présentation du projet ; comme aussi des doutes, des craintes, et même des improbations que faisait naître dans l'esprit de quelques-uns une œuvre trop grandiose en apparence. Il est vrai qu'on ne saurait compter toutes les angoisses des jours et des nuits de ceux qui avaient reçu mission de s'occuper de cette question ; mais c'est là l'économie divine pour les couronner de leur œuvre. Rassurons-nous toutefois ; la Providence épargnera à cette œuvre naissante des épreuves contre lesquelles elle n'aurait que trop faiblement lutté. Ce ne sera que lorsqu'elle aura grandi environnée de la sympathie générale, forte du puissant et haut patronage de l'autorité ecclésiastique et fière du double suffrage de nos deux assemblées délibérantes, que l'honneur paroissial intéressé à mettre le dernier sceau, celui de la perfection, sera engagé , qu'il imprimera au projet ce cachet de l'épreuve qui marque les œuvres de Dieu. D'ici lors , sans avoir à enregistrer d'éclatantes victoires, l'œuvre accomplira sa marche d'un pas lent , mais ferme, régulier ; il est vrai que la population , qui a hâte de la saluer au terme de sa carrière , va s'empresser d'écarter les obstacles qu'elle pourrait rencontrer.

L'appel fait à la piété et à la générosité des fidèles , trouva un puissant écho au fond de tous les cœurs ; chaque jour nous révélait un nouveau trait de bienfaisance. C'est un spectacle bien édifiant qui touche, remue notre âme , que celui d'une population qui s'anime à l'œuvre , met en commun les tributs levés sur le trésor de sa pauvreté. Autour d'elle , elle peut entendre la voix isolée de quelques frères tièdes ou indifférents , ou cédant aux calculs d'une prudence intéressée, leur disant , comme autrefois les politiques et les temporiseurs d'entre le peuple juif au retour de la captivité : *le temps n'est pas encore venu de relever, de réparer la maison du Seigneur ;* mais elle entend Dieu lui criant par la bouche de son prophète Aggée : *Est-il temps que vous ayez des habitations décentes et somptueuses , et que cette maison sainte. reste toujours déserte et abandonnée* (1). Docile à cette voix , elle ne veut être pour rien dans le long retard d'une si sainte œuvre, ainsi que dans les trop faibles proportions qu'il lui sera donné d'atteindre, et on dirait qu'elle salue déjà cet édifice que ses deniers ont fondé, que ses mains ont construit, que l'étranger admire, que ses voisins lui envient, qui fera chérir sa mémoire par ses derniers neveux appelés à jouir de génération en génération du fruit de ses sacrifices.

Si les chiffres ont leur éloquence, la somme de trente mille francs, déposée entre nos mains par la population catholique et affectée à l'acquisition du terrain devant servir d'emplacement à la nouvelle église, donnera la mesure de l'élan de générosité qui s'est manifesté dans cette circonstance.... Le sentiment public a été si vif et si irrésistible, qu'il s'est traduit en dons volontaires et en sacrifices, avec un caractère de pieuse générosité dans certaines familles de la classe aisée, et avec un caractère touchant d'admirables élans dans les plus humbles positions.

Si l'on veut tenir compte et faire la part des circonstances difficiles, au milieu desquelles s'est produit cet élan de générosité, on sera tenté d'y voir, comme nous , la main de

______

(1) Agg., I, 2-3.

Dieu, inclinant les cœurs et les volontés et les dirigeant vers l'accomplissement d'une œuvre qui tourne à la glorification de son nom.

C'était à l'époque, en effet, où la main de Dieu n'avait pas cessé de s'appesantir sur nous. La terre avait trompé l'espoir du laboureur : le pain qui entretient les forces de l'homme, le vin qui vivifie son cœur (1) et l'aide à supporter les fatigues, ne nous avaient été donnés qu'avec mesure. Le prix élevé auquel s'étaient maintenus les aliments les plus nécessaires à la vie, en épuisant les dernières ressources du pauvre, avait réduit à un état voisin de la pauvreté des familles qui, jusque-là, avaient vécu dans l'aisance.

Ajoutez à cela que, par un procédé de délicatesse, dont on nous saura gré et qui, nous le savons, n'est point passé inaperçu, nous avions affecté, pour le moment, de ne pas faire appel au sentiment de générosité de certaines familles honorables de notre paroisse ; non point qu'elles eussent fait défaut à notre demande et qu'elles eussent failli à leurs antécédents, mais parce que nous voulions mettre leur bonne volonté à contribution à temps plus opportun, bien assurés par avance que nous recevrions d'autant plus que nous aurions moins demandé.

Désireuse de laisser un monument authentique de sa foi aux générations à venir, on le voit, les flots de la générosité de notre population, contenus par aucune digue, se sont élancés par dessus toutes les barrières, et ce spectacle est bien de nature à rassurer ceux que retient la crainte de voir la commune engager son avenir financier dans l'exécution d'un projet dont elle supportera seule la lourde charge.

____

(1) Ps. c111.

VII.

Nos Supérieurs ecclésiatiques honorent l'œuvre de leur puissant patronage.

Jamais les vœux d'une population ne furent plus légitimes, plus persévérants et plus unanimes. Toutefois, avant de répondre aux désirs depuis si longtemps manifestés de l'opinion, nous crûmes indispensable d'attendre qu'elle les eût unanimement exprimés de nouveau et d'une manière plus solennelle. Pour nous, d'ailleurs, catholiques, pour si respectable que soit l'opinion et pour si disposés que nous soyons à lui donner légitime satisfaction, nous la trouvons quelquefois incompétente, et nous reconnaissons à nos Evêques le droit de corriger de téméraires initiatives. Que si l'opinion persistait encore, elle tomberait alors dans une sottise ridicule. Quand une détermination est grave, nous ne croyons pas qu'il nous soit permis de la prendre sous l'influence d'un sentiment paroissial, encore moins d'un sentiment personnel, et, au risque de voir s'évanouir nos plus belles espérances, d'abandonner une position laborieusement acquise, nous en référons aux lumières de nos supérieurs ecclésiastiques, et nous agrandissons ainsi notre sagesse de toute celle que nous rencontrons en eux.

Il manquait donc à notre projet la sanction épiscopale, lettre de créance qui devait l'accréditer de plus en plus auprès de notre population.

Cette sanction ne se fit pas longtemps attendre. Soyons justes et sachons rendre à chacun la part de mérite qui lui revient. L'initiative appartient à nos Evêques. Nous conservons leurs lettres comme un précieux encouragement qui double nos forces, et comme un monument de leur sollicitude et de tout l'intérêt qu'éveillent en eux les œuvres religieuses qui s'accomplissent dans la plus petite et obscure paroisse du diocèse.

Qu'il nous soit permis de pouvoir sans indiscrétion en placer quelques extraits sous les yeux de nos pieux lecteurs :

Déjà, par une lettre en date du 22 novembre 1846, Mgr Cart, de pieuse et douce mémoire, tout en applaudissant au zèle et à la piété des membres d'une confrérie, que nous avons eu le regret de ne plus retrouver au sein d'une paroisse où elle rencontrait tant de sympathies, et tout en reconnaissant ce qu'il y avait de louable dans l'exposé des motifs en faveur d'un projet d'acquisition d'une ancienne chapelle de secours, faisait observer que les paroissiens d'Aimargues devaient concentrer leurs ressources et leurs sacrifices pour créer deux établissements indispensables à la localité et dont chacun reconnaissait la nécessité, savoir : l'école des Frères et la reconstruction de l'église. Or, quand il sera question de cette dernière chose, ajoutait Sa Grandeur, je connais assez le zèle des membres de cette confrérie, pour espérer qu'ils seront heureux de consacrer à cela les fonds qu'ils désireraient consacrer à l'acquisition de cette chapelle.

Là ne s'arrête pas la sollicitude du Pontife aimé de Dieu et des hommes. Nos archives paroissiales sont enrichies d'une page qu'il a daigné y écrire de cette main qui si souvent nous a béni, qui a tracé sur notre tête la couronne cléricale et consacré nos mains par l'huile du sacerdoce.

« Nous, Jean-François, évêque de Nimes, après avoir fait notre visite canonique dans l'église d'Aimargues, avons arrêté les dispositions suivantes : Nous faisons les vœux les plus ardents pour la reconstruction de l'église qui est de beaucoup insuffisante pour la population..... »

Et ici, on ne saurait trop admirer tout ce que renferment de sagesse les moindres prescriptions de la sainte Eglise notre mère. En désignant l'époque à laquelle nos chefs spirituels, nos Evêques, devront visiter les ouailles confiées à leur sollicitude pastorale, abandonner *leur demeure fixe pour habiter ailleurs comme sous la tente,* elle a pourvu à tous les besoins de ses enfants. *L'Evêque qui devra porter à tous et à chacun une part de cette grâce spirituelle, qu'il a reçue pour confirmer les fidèles dans l'héroïsme de la sainteté,* en s'occupant de l'église spirituelle, ne devra point dédaigner de s'occuper de l'église matérielle qui abrite sous ses voûtes le Dieu trois fois saint. On comprend alors comment nos *Evêques conjurent Dieu de précipiter l'époque où sa volonté doit, pour leur bonheur, les appeler à parcourir successivement leurs paroisses ;* comme aussi on comprend pourquoi *ces flots de peuple qui se pressent avec élan sur leur passage et se courbent avec un recueillement unanime sous leur bénédiction, pourquoi on donne à leur rentrée dans nos paroisses le caractère d'un triomphe ; enfin, pourquoi le souffle et l'accent de cœur qu'on sent palpiter et courir dans les démonstrations dont notre piété filiale leur prodigue les honneurs. Joie d'autant plus grande, de la part de celui qui en est l'objet, que dans ces gages touchants de déférence et de dévoûment dont nous environnons leur apparition parmi nous, ils peuvent reconnaître la sublimité de son principe.*

Et ne croyez pas que nos Evêques, en cours de visite pastorale, n'aient fait qu'entrevoir nos besoins d'une manière superficielle et fugitive. Au sein de la ville épiscopale, même sollicitude, même intérêt porté à l'heureuse réussite de nos projets et de nos œuvres.

Nous en aurions au besoin une preuve dans la lettre que le saint Prélat nous écrivait en février 1853... Vous éprouverez en la lisant un plaisir égal à celui que nous éprouvons à la transcrire.

« Il y a longtemps que j'ai reconnu l'insuffisance de l'église d'Aimargues, et je suis persuadé que vos paroissiens en gémissent comme moi et en souffrent réellement. Je comprends donc votre sollicitude pastorale à ce sujet, et le désir que vous avez de pouvoir procurer à ceux dont vous êtes devenu le père spirituel, un édifice plus convenable à tous égards et plus en rapport avec la nombreuse population d'Aimargues. Je vous félicite donc de votre projet et de la sagesse avec laquelle vous l'avez conçu, et j'espère que vos bons paroissiens, qui vous ont si bien secondé dans tout ce que vous avez entrepris, sauront apprécier la nouvelle proposition que vous devez leur faire et vous aider à réaliser votre dessein. Je vous autorise à former une commission pour aviser aux moyens à prendre pour mener à bien cette affaire, et j'espère que M. le maire et MM. les membres du Conseil municipal applaudiront à vos efforts, puisqu'ils tendent à exonérer la commune et à lui procurer des ressources pour la reconstruction d'un édifice qui lui appartient.... »

Nouvelle parole d'encouragement de ce bien-aimé Pontife. En la transcrivant, nous respirons encore le charme de son souvenir :

« Je ne vous arriverai qu'à six heures du soir ; il m'est impossible physiquement de faire mieux, mais mon cœur est déjà et depuis longtemps à Aimargues. » Après cette effusion de cœur qui rendait si fière la population qui en était l'objet, Mgr ajoutait : « Je monterai en chaire ; vous me laisserez prendre la responsabilité de l'annonce officielle du projet de reconstruction d'église.

«Recevez, pour vous et pour votre peuple mes affections, et pour le cher projet mes bénédictions.»

Ce furent les dernières lettres que nous recevions de Sa Grandeur touchant le projet de construction d'église, mais non point ses derniers avis, ses derniers encouragements et ses dernières bénédictions. Dieu ne voulut pas que cette œuvre préparée par le saint Évêque reçût de son auteur le sceau de la perfection.... Il était mûr pour le ciel ; il luttait encore, il est vrai, contre le tombeau ; il songeait encore à ses années trop peu pleines, ainsi qu'il les appelait, dans un sentiment de profonde humilité, mais ce n'était plus par regret de la vie, c'était par regret du bien. Il y a dans une grande âme unie à Dieu le besoin d'achever l'œuvre qu'elle a commencée pour lui et où elle pense cacher son nom sous le sien. Dieu, qui avait hâte de récompenser sa vertu, avait refusé à l'ouvrier de poser la dernière pierre ; on l'avait vu s'acheminer au terme de sa carrière avec l'imprudence d'une âme qui croit trop à l'éternité pour user d'égards envers elle. On connaît l'héroïsme de sa patience. Il sut trouver dans sa maladie une source de bénédictions, et il voulut bien en faire retomber une part sur notre paroisse, et dans ce voyage, qui trompa les illusions des âmes qui lui étaient dévouées, en n'apportant à l'auguste malade qu'une aggravation de souffrances, rarement mêlées de quelques heures de bien-être, et où il nous fut donné d'admirer de près ses vertus, nous fûmes heureux de recueillir de cette bouche vénérée et des conseils et des encouragements.

Plus tard, quand notre filiale affection nous appelait auprès de son lit de souffrance, pour nous y rendre témoin de la mort d'un saint, son dévoûment à notre œuvre survivait à l'épuisement de ses forces ; presque mourant, il se recueille au bord de sa tombe, et sa main défaillante se soulève pour donner une suprême bénédiction à notre projet. Le désir de sa réalisation l'a suivi, nous le savons, jusque dans la mort.

Ainsi mourait ce Pontife, *qui représentait la charité épiscopale dans sa fleur la plus exquise, dans son essence la plus délicate et dont la tombe exhale un parfum de douceur dont la mémoire et la reconnaissance de tous resteront longtemps embaumées.*

Notre œuvre, qui perdait un appui sur la terre, retrouvait un protecteur dans le ciel. La première prière du Saint avait été pour son troupeau ; le successeur de Pierre parlant, mettait fin au veuvage de l'église de Nimes, et rangeait

parmi les chefs du peuple chrétien l'évêque que tant de dio-
cèses nous ont envié, et qui venait au milieu de nous, pré-
cédé de cette haute réputation de talent, dont il avait consacré les prémices à élever à la religion un monument
durable. Plus tard, quand la publicité de la défense sera
commandée par la publicité de l'agression, nous le salue-
rons nous-mêmes comme ayant marqué sa place parmi les
plus glorieux défenseurs de nos dogmes catholiques, trop
longtemps abaissés devant les attaques de l'hérésie.

Notre projet, on le comprend, avait besoin d'un nouveau
baptême : *la voix de la tombe et du trône, de la vie et de
la mort, du temps et de l'éternité*, devait lui imprimer une
double consécration.... On sait avec quelle solennité Monseigneur la lui conféra dans cette première visite de faveur
qu'il daigna faire à notre paroisse. Après avoir rendu un
juste hommage à cette foi vive et profonde, saintement en-
thousiaste, qui l'avait comblé d'impressions tour-à-tour si
suaves et si puissantes, Monseigneur daigna nous dire qu'ici,
comme au sein des plus religieuses populations, la ferveur
des croyants lui paraissait expansive et ardente. Ici l'en-
seignement catholique domine toutes les âmes. Votre foi
déborde en transports d'enthousiasme qui font sourire l'in-
crédule, mais qui touchent et qui remuent tout cœur enclin
aux idées religieuses. Au reste, le vrai croyant porte au-
dedans de lui-même une âme énergique et fière, que rien
ne peut séduire quand la voix du devoir se fait entendre.
Mettez l'âme chrétienne en face du danger, rien ne saura
fléchir ce front qui se courbe dans la poussière aux pieds
des saints autels : humble devant Dieu, indépendante à
l'égard de tous, tel est le caractère de l'âme vraiment chrétienne. Abordant ensuite le sujet qui nous occupe, Monseigneur daigna nous donner l'assurance qu'il aspirait au
même résultat et avec la même ardeur de son saint prédé-
cesseur, et que pour l'assurer, son concours pas plus que
notre générosité ne lui feraient défaut. Cette église, ajou-

tait Monseigneur, remarquable d'ailleurs par son antiquité et par les souvenirs qu'elle abrite, n'est digne ni de l'importance ni de la foi de la population. Dieu nous est témoin du vœu, pieusement impatient, que nous faisons pour sa reconstruction.

L'effet produit par cette puissante parole, chacun le connaît. Quelques jours après, Sa Grandeur recevait de notre part une lettre lui annonçant que, grâce aux précieux encouragements qu'il avait bien voulu donner à l'œuvre lors de sa visite pastorale, la population catholique venait de répondre à son appel, en nous mettant en mesure de faire l'acquisition d'un terrain de trente mille francs, fruit de sa générosité, devant servir d'emplacement à la future église. Monseigneur daigna nous honorer d'une lettre contenant des vœux qu'il nous priait de transmettre à l'administration :

« J'apprends, avec un très-grand bonheur, les généreux sacrifices faits par les habitants d'Aimargues, pour l'acquisition de l'emplacement nécessaire à leur future église ; je vous prie de leur en exprimer mes sincères et affectueux remerciments.

» Mais tout n'est pas là. A présent que la population catholique a si noblement fait son devoir, c'est au Conseil municipal à faire le sien. Il faut qu'il se hâte de se mettre à l'œuvre. Sa bonne volonté pour moi ne fait pas l'objet d'un doute ; mais il importe qu'il la manifeste par des actes, qu'il arrête promptement un projet et s'empresse d'en aborder l'exécution. Voilà quels sont mes vœux, je vous prie de les lui transmettre, et j'espère qu'après nous avoir déjà réjoui par ses bons désirs, bientôt il nous réjouira plus encore en jetant les fondations d'une église digne de l'importance et de la foi de la population. »

Il s'en faut bien que l'autorité de nos Evèques soit affaiblie dans l'esprit de nos populations catholiques. Cette autorité, dont il ne reste ailleurs plus de trace, l'autorité qui vient de la conscience, de la vénération, de la docilité et de la persuasion des peuples, est loin d'être effacée. L'Evêque avait daigné formuler des vœux, exprimer un désir, et le Conseil municipal, réuni en séance extraordinaire, votait à l'unanimité la somme que portaient les plans et devis du projet de construction d'église.

Ce jour-là notre cause était gagnée, et Monseigneur, en nous félicitant d'un succès dont la population lui attribuait tout l'honneur, pouvait nous écrire :

« Le triomphe que vous venez de remporter est grave, c'est un pas qui vous rapproche d'une victoire définitive, s'il ne doit pas immédiatement vous en mettre en possession... Travaillez toujours vous-même de votre côté, Dieu finira par bénir pleinement la persévérance de vos efforts. »

Désormais, les difficultés que va rencontrer le projet, loin de lui nuire, ne serviront qu'à son développement, en lui donnant de plus profondes racines.

VIII.

Le vote favorable au projet émis par le Conseil municipal est sanctionné par celui des plus forts imposés.

Grâce au précieux concours de nos Evêques et à la double puissance de leur patronage et de leur parole, la marche des événements se précipite. Le Conseil municipal ne veut pas se laisser vaincre en générosité, et trouve dans son zèle intelligent pour les intérêts religieux de la localité une inspiration assez puissante pour consacrer à une œuvre qu'il n'est plus possible d'ajourner, la somme réclamée par les plans et devis. Les applaudissements de la population tout entière viennent couronner ce vote généreux de ses fidèles représentants. Le terrain devant servir d'emplacement à la future église, acheté de nos deniers et généreusement offert à la commune, est agréé par elle avec un vif sentiment de reconnaissance. — Un arrêté préfectoral sanctionne cette acceptation. — Le conseil de fabrique, dont le bienveillant appui a su alléger pour nous le poids d'une si lourde charge, s'associant pour sa part à cet élan de générosité, ne craint point de compromettre les revenus dont la gestion lui est confiée, et se voit autorisé, en vertu d'un décret impérial, à contracter un emprunt de sept mille francs au profit de l'œuvre.

C'est ainsi que, riche d'avenir et d'espérance, notre projet se présenta sans crainte comme sans audace pour subir l'épreuve du vote des plus forts imposés.

L'immense majorité de la population d'Aimargues appartient au culte catholique. Le sol se partage entre les catholiques et nos frères séparés ; inscrits en nombre égal sur le tableau des plus forts imposés, en nombre égal ils étaient appelés à siéger au Conseil municipal. Si la minorité n'a jamais été turbulente et tracassière, et si nous nous plaisons à garder bon et reconnaissant souvenir de l'appui qu'une administration étrangère à nos croyances a prêté à nos institutions religieuses, on voudra bien nous accorder, qu'en retour, la majorité ne s'est jamais donné l'impardonnable tort d'être oppressive : nos suffrages envoient, pour les représenter au Conseil municipal, un certain nombre de leurs coreligionnaires ; leur culte est inscrit au budget communal ; leurs écoles, fréquentées par un tout petit nombre d'élèves, y reçoivent pourtant de la munificence municipale une large part, et MM. les membres du conseil, abandonnant le bénéfice de la loi qui les autoriserait, en pareil cas, à placer leurs deux écoles sous la direction d'un seul maître, font sagement en ne voulant voir de la loi que l'esprit et non point la lettre ; courtoisie à laquelle ne nous ont point habitués certaines localités voisines à l'égard de nos pauvres frères les catholiques. Dans nos rapports de société, si nous ne pactisons jamais avec des doctrines qui démen-

tent notre foi, on nous trouve toujours pleins de condes-
cendance et de bienveillance pour les personnes. Le bon
accord s'est rarement démenti, et il faut remonter à des
jours de trouble et d'exaltation, pour surprendre une re-
grettable représaille, qu'il aurait fallu avoir la sagesse de
ne pas provoquer. Au reste, dans le vote du projet, satisfaction devait être donnée à leurs vœux ; car il s'agissait et
de la construction d'une église et de la construction de l'édifice consacré à leur culte, tout autant de raisons qui nous
faisaient considérer leurs suffrages comme acquis à notre
cause.

Nos espérances ne furent point trompées. Y eut-il ou non
tiraillement au sein du Conseil ; il ne nous appartient pas
d'en pénétrer le secret ? On pourrait le soupçonner. Tant
de gêne avait pesé sur la localité, la population avait eu
tant de peine à suffire aux premières nécessités. Le Seigneur, pour parler le langage de nos livres saints, avait en-
voyé un germe de corruption dans ses vignes (1). Une poussière animée desséchait les vignobles, et le vin avait tari
dans son fruit. D'autre part, tant de fléaux s'étaient abat-
tus sur le sol de notre patrie que, dans l'appréhension de
ceux qui pouvaient les menacer encore, il était permis de
se renfermer dans la préoccupation de ses propres intérêts :
il n'en fut rien, et nous nous plaisons à confondre dans le
souvenir de notre reconnaissance les deux assemblées délibérantes qui, malgré le malheur du temps, ont su faire à
Dieu une si large part.

L'annonce du triomphe que venait de remporter notre
cause vint nous trouver aux pieds des saints autels, au moment même où le Seigneur allait bénir son peuple. Dieu a
donné à notre population et à nous un cœur expansif et reconnaissant. Nous ne voulûmes point quitter le lieu saint
sans adresser au ciel une ardente prière ; notre âme ca-

____

(1) Osée, xi, 11

tholique ne voulut en exclure personne. Ce soir-là le soleil se coucha sur notre joie. Mais, ô vicissitudes des choses humaines ! il ne devait se lever le lendemain que pour éclairer notre profonde tristesse, mais non point notre découragement.

IX.

Obstacles que rencontre le projet.

Dieu qui a coutume d'imprimer le cachet de l'épreuve sur les œuvres mêmes qui lui sont les plus agréables, afin de les rendre en même temps plus solides et plus méritoires, voulut éprouver notre constance. Mais nos paroissiens connaissent, Dieu merci, les conditions des œuvres durables et ne devaient pas se laisser rebuter par les difficultés. Que peuvent les orages contre ceux qui ont placé leur confiance dans celui qui se plaît à récompenser leurs efforts ? Une œuvre sera d'autant plus affermie qu'elle sera enracinée au milieu des tempêtes. La Providence n'a-t-elle pas condamné certains orages à faire mûrir la moisson ?

Notre projet de construction d'église se présentait au contrôle de l'administration départementale, riche de la sympathie de la population entière, du haut et puissant patronage de l'autorité ecclésiastique, de la double sanction de nos assemblées délibérantes, dont le sentiment religieux avait guidé le cœur et la voix, du généreux concours des fidèles qui avaient prélevé sur leur pauvreté, pour venir en aide à l'administration et en exonérer les charges ; il réunissait toutes les conditions pour recevoir le plus bienveillant et le plus sympathique accueil de l'administration supérieure. Mais certaines exigences imposées par les règlements émanés de haut lieu, pleins de sagesse du reste, établis pour sauvegarder les intérêts des commu-

nes dont l'Etat est le tuteur, en ne permettant pas à l'administration départementale d'agir dans la limite de ses sympathies, l'obligèrent à se renfermer dans les strictes limites
tracées par les ordonnances ministérielles qui les régissent.
Dans un magnifique élan de générosité, nos deux assemblées s'étaient imposées pour un nombre d'années et pour
un chiffre dépassant les limites fixées par les ordonnances
mnistérielles. Là où tant d'autres péchent par défaut, nous
avions, nous, péché par excès. Dans la crainte d'être rangés
dans la catégorie de ceux qui donnent avec parcimonie et
avarice, nous avions voulu donner à Dieu sans compter ;
honorable faute, pieuse largesse, sainte prodigalité que
l'on aurait bien voulu nous pardonner si la loi ne s'y était
formellement opposée. Notre projet fut rejeté, et du même
coup s'évanouissaient nos plus chères espérances.... Nulle
appréhension à l'endroit de la réussite de l'œuvre ne s'éleva
au-dessus de notre foi ; nul événement, nulle catastrophe
n'ébranla jamais notre espérance ; mais nulle parole ne
saurait exprimer notre douleur. Pourquoi ne pas avouer
que nous eûmes le cœur brisé d'une indicible tristesse ? La
douleur qui serre l'âme du cultivateur, dont une gelée
meurtrière perd la vigne et dont le champ d'épis est brûlé
par l'ardeur du soleil, peint parfaitement la nôtre.

Deux voies s'offraient à nous. Fallait-il dire adieu à
notre cher projet, pour la réussite duquel nous avions em-
ployé tout ce que nous avions eu d'âme, d'énergie, de puissance et de volonté ; et fallait-il se séparer de lui au moment même où, récompensé de nos sueurs, nous allions
mettre le sceau à sa perfection ?.... Cette détermination
aurait assez souri à notre paresse ; elle s'en serait parfaitement accommodée. L'ouvrier arrivé au terme de sa journée
aime bien trouver dans le repos un délassement contre les
fatigues du jour. Pour si aisées et si faciles qu'elles soient
à porter, il arrive un moment où les armes deviennent pe-
santes, alors même qu'elles nous ont ouvert un chemin à

la victoire ; et quand, pour remporter un dernier triomphe qui doit couronner tous les autres, on ne présente à l'ennemi que des forces débilitées par une longue course, un certain malaise s'empare de l'âme, on s'affaisse de lassitude, on est pris d'une passagère défaillance, on invente des pré-textes qui servent de voile à notre paresse, et on soupire après une trêve qui dissimule mal notre découragement.... Nous avions, du reste, pardevant nous, le mérite d'une bonne volonté que personne ne nous contestera sans doute; nous ne nous étions arrêté, nous n'avions reculé que de-vant l'impossible. Nous pouvions, l'honneur étant sauf, nous retirer en présence d'un ennemi géant qui se présen-tait fortement armé ; une lutte engagée avec lui aurait trahi de notre part moins de bravoure que de témérité. Première voie qui se présentait à nous : déserter le champ de bataille et demander à Dieu que des mains, mieux préparées au combat et plus fortement aguerries, vinssent plus tard re-cueillir de nouveaux lauriers sur ces champs témoins sinon d'une défaite, dont notre amour-propre n'aurait point fait l'aveu, du moins de notre lassitude et de notre paresse.

Un autre parti nous restait à prendre, une autre voie s'ouvrait devant nous : le vaisseau qui portait notre pro-jet et dont nos prières protégeaient la marche à travers les écueils qui se dressaient sur ses pas, venait d'éprouver une avarie en vue du port. Mais le dommage occasionné par ce coup de vent contraire ne le plaçait pas dans des conditions telles qn'il fût totalement hors de service. Ne pouvait-on pas, après lui avoir fait subir les réparations commandées par les besoins du moment, mettre à la voile et le lancer de nouveau en pleine mer. Cette détermination était un engagement à de nouvelles fatigues.... Il fallait pour cela faire de nouveau appel au sentiment de générosité de la population. La source n'en était-elle pas tarie ?.... De nouveaux obstacles pouvaient se présenter, étions-nous de force à les surmonter ? L'avenir qui est entre les mains de

Dieu donnera peut-être un démenti à nos prévisions en trompant nos espérances ; mais nous crûmes que ce parti seul était digne de notre foi.

C'était donc le seul que nous devions embrasser. L'accueil généreusement sympathique que la population a fait à notre détermination prouvera que si nous nous sommes trompé, c'est du moins en bonne et nombreuse compagnie. Nous ne nous serions pas pardonné d'obéir à une pensée de découragement. Nos appréhensions, notre timidité pouvaient être un outrage au sentiment catholique : il y avait pour nous plus qu'un engagement d'honneur, et cette manifestation de notre foi soulageait seule la conscience de notre population..... Nous dûmes nous souvenir que les œuvres catholiques avaient toujours rencontré au milieu de nous des sympathies ferventes, que l'ardeur de notre charité égalait la vivacité de notre foi, et puisant dans l'intime conviction de notre devoir une force au-dessus de toute crainte, de nouveau nous nous mimes à l'œuvre.

X.

**Par quels moyens pouvions-nous triompher de ces obstacles?
Offrande volontaire. — Souscription. — Titres de famille. —
Pressant appel à la charité des Catholiques.**

Notre projet, pour être de nouveau présenté à la sanction de l'administration départementale, devait subir les modifications indiquées par les réglements. Il fallait réduire un certain nombre d'années sur les impositions et diminuer le nombre des centimes. Réduction faite, restait un découvert, un déficit de dix mille francs, que nous devions fournir pour conserver les plan et devis dans l'état; dix mille francs en moins à payer par les contribuables, dix mille francs à payer en plus et mis sur le compte de notre générosité ; prélever une somme si considérable sur la pauvreté des catholiques, le lendemain du jour où leur générosité poussée à bout de ressources, ce semble, venait de nous fournir un don de près de trente mille francs, nous paraissait chose bien difficile, pour ne pas dire impossible. On nous pardonnera l'aveu d'un nouveau moment d'hésitation.....

Nous plaçons sous les yeux de nos lecteurs quelques considérations empruntées à un écrit de l'un de nos plus éloquents prélats ; elles ne furent pas étrangères à la résolution que nous prîmes de faire de nouveau appel à la charité de nos catholiques :

« Nous ne dissimulons point que les appels à la bienfaisance chrétienne sont très-multipliés de nos jours ; que les quêtes, les souscriptions renaissent bien souvent, et que la charité elle-même s'en plaindrait peut-être, si elle pouvait connaître d'autre plainte que celle de la misère qu'elle veut soulager. Mais nous ne devons pas nous dissimuler que ces recours si fréquents à la charité privée sont une nécessité propre à notre époque. Du temps de nos pères, l'église possédait de grandes richesses, que la piété des siècles lui avait léguées. D'après les règles du droit canon, les revenus des propriétés ecclésiastiques devaient être divisés en trois parts consacrées : la première, à l'entretien des prêtres voués au service des autels et à l'exercice du saint ministère ; la seconde, aux dépenses nécessaires pour la décence du culte, pour la conservation et la construction des édifices sacrés; la troisième, au besoin des pauvres. Cet état de choses conservé de génération en génération depuis les premiers temps du christianisme, a été détruit parmi nous vers la fin du siècle dernier. Mais la dette des sociétés chrétiennes envers les œuvres dont est chargée l'Eglise demeure toujours, et il faut l'acquitter sous d'autres formes et d'autres moyens. Les propriétés de l'église ayant été sécularisées, une certaine classe de possesseurs d'aujourd'hui sont devenus, à certains égards, les bénéficiers d'autrefois. C'est en quelque sorte la charité qui doit refaire les revenus annuels de l'Eglise, et par là lui reconstituer un patrimoine permanent, lui donner la facilité d'accomplir ses œuvres. Telle est, ce nous semble, sa mission spéciale de nos jours. »

C'est parce que nous avons la confiance que vous le comprendrez, que nous n'avons pas craint de faire de nouveau appel à vos sentiments de générosité, pour l'accomplissement d'une œuvre en faveur de laquelle elle sollicite votre concours.

Nous comptons tellement sur l'empressement religieux de notre population à concourir à cette œuvre de foi, que nous n'avons pas hésité à la proposer à tous. Nous nous sommes bornés au mode le plus simple et le plus naturel pour réunir la somme nécessaire à cette œuvre importante : une offrande, unes ouscription volontaire, dont le chiffre est laissé à l'appréciation de chaque donateur. Cette aumône, nous la demandons générale, et elle peut l'être, parce que nous accepterons l'obole du pauvre et le denier de la veuve avec autant d'empressement et de gratitude que l'or du riche. Seulement, afin d'offrir plus de facilité aux donateurs, et aussi pour atteindre un chiffre plus élevé, nous désirons que la souscription embrasse cinq années consécutives. Dans l'état actuel des fortunes, une somme de quelque importance, si elle affecte le revenu d'une seule année, ne peut être offerte que par un petit nombre de privilégiés. Il est bien peu de personnes, au contraire, qui ne puissent s'imposer un sacrifice réparti sur plusieurs années. Ces sommes réunies et additionnées formeront le chiffre total qui nous est demandé.

Nous avons créé à cet effet, avec l'autorisation des supérieurs ecclésiastiques, des *titres de famille* qui ont pour objet de rattacher à l'œuvre entreprise par un lien durable et intime tous ceux qui, par leurs dons, auront contribué à en faciliter l'exécution. Tout porteur de titres participera au

bénéfice spirituel des messes qui seront célébrées à perpé-
tuité, le Lundi de Pâques et le lendemain de Noël.

Bien que le projet présente le caractère d'une œuvre qui
est d'un intérêt local , nous n'en recevrons pas moins avec
reconnaissance les offrandes des personnes généreuses que
leur foi pousserait à s'associer à cette manifestation religieuse. Des dons étrangers, témoignages d'honorables sympathies pour notre œuvre, sont venus encourager nos efforts.
Bon nombre de catholiques ambitionneront d'être inscrits
sur le registre spécial qui portera le nom des souscripteurs
et sera déposé aux archives de la paroisse comme un monument de votre foi. Nous ne voulons, dans la circonstance
présente, que des dons qui soient le fruit d'une piété tout-à-
fait spontanée , et nous désirons vivement que les offrandes
même les plus minimes, soient accompagnées des noms des
donateurs, afin qu'il en soit dressé une liste exacte , sinon
pour être publiée et connue des hommes , du moins pour
être déposée sous la pierre fondamentale, et connue de
Dieu et de notre saint patron. Il nous serait bien doux que
pas une seule famille chrétienne de la paroisse ne voulût
être oubliée sur cette liste.

*Nous serions sans doute heureux de recevoir beaucoup
dans l'intérêt du bien ; mais nous saurons nous résigner à
peu, quand nous vous verrons réduits à la nécessité cruelle
de nous donner peu. Ainsi ne faites que ce que votre situa-
tion de fortune vous permet ! mais faites le sans une fausse
réserve de calcul et d'économie ! Allez jusqu'aux limites que
vous pouvez réellement et consciencieusement atteindre...*

Nos offrandes seront dignes de nous. Quelques familles
n'ont encore rien versé dans le trésor de l'œuvre , et qui
pourraient y jeter au moins une obole. Il en est également
un certain nombre parmi celles qui ont donné que nul obs-
tacle sérieux n'empêchera de donner davantage Quant aux
âmes généreuses qui ont compris leurs obligations et qui
les ont remplies jusqu'ici, nous les prierons de recevoir

nos remerciements bien sincères ; mais à celles-là même nous leur dirons de ne pas se lasser et de faire de nouveaux efforts , puisque les ressources ne sont pas encore arrivées au niveau de nos besoins. Nous leur dirons : ne regardez pas en arrière pour compter des offrandes déjà abondantes, nous le savons, mais que votre main gauche a dû ignorer quand votre main droite les versait au profit de notre œuvre ; n'est-ce pas aux anges de Dieu à en conserver le souvenir pour le jour des récompenses ? Si votre mémoire vous les rappelle , que ce soit en même temps pour rappeler les bénédictions qui les ont accompagnées. Chez les unes et chez les autres un indubitable élan de générosité va se manifester : chacun voudra mettre sa pierre à ce monument qui doit intéresser tous ceux qui prennent à cœur la gloire de Dieu et les intérêts religieux de notre catholique population, et qui doit transmettre de siècle en siècle un solennel et irrécusable témoignage de sa piété. L'on verra la charité renouvelant parmi nous les merveilles des premiers siècles ; ces pierres accumulées parleront plus éloquemment que tous les discours, et on ne pourra qu'applaudir à l'explosion d'un sentiment qui en si peu de temps aura doté Aimargues d'un si beau monument ; les ouvriers de la localité auront trouvé dans ces travaux un aliment nécessaire à leur besoin et à leur activité, et la paroisse la récompense de son zèle et le prix de son dévoûment.

Si notre monument s'élève , il aura eu le bonheur de rencontrer pour architecte un admirateur passionné des grandes œuvres du moyen-âge, capable de le fairere vivre et qui aura su résoudre le problème difficile de construire une église qui soit à la fois vaste, solide, élégante et qui cependant n'atteigne pas un chiffre trop élevé. Toutes ces conditions, en apparence incompatibles, l'architecte , dont le tombeau de Mgr Cart , a popularisé le nom, les a réunies avec un rare bonheur.

A ceux qui craindraient qu'en grandissant, ce projet com

promit les autres œuvres de la paroisse, celles qui présen-
tent un rapport plus direct avec les intérêts spirituels dont
nous avons la garde et la sollicitude, nous leur dirions
avec notre éloquent prélat : au lieu d'être funeste, elle leur
sera salutaire. Ce n'est pas une de ces plantes meurtrières
qui tuent celles dont elles sont entourées ; c'est un arbuste
protecteur qui leur prêtera l'appui de sa tige et le bienfait
de son ombre ; elle fécondera toutes nos institutions par
les grâces dont elle nous ouvrira la source ; et nous verrons
par expérience que la charité s'enrichit en s'épuisant pour
les œuvres qui tournent au profit de la gloire de Dieu ; c'est
une de ces mille impossibilités que réalise à chaque instant
la puissance de l'esprit chrétien (1).

Appelés de nouveau à prêter à notre projet l'appui de
leur vote, notre Conseil municipal et MM. du Conseil des
plus forts imposés, sanctionneront comme par le passé le
vœu de la population qui a su inscrire sur le budget de sa
charité, à part une première somme de trente mille francs
près, une nouvelle somme de dix mille francs, dans la
pensée d'alléger la charge qui allait peser sur la propriété.
Que si nous étions avares envers Dieu, si nous lui dispu-
tions un coin de terrain, si nous lui fermions notre cœur
et notre main, à lui qui verse l'abondance et la fait germer
dans nos plaines, Dieu à son tour fermerait sa main, et
peut-être ne la rouvrirait-il que pour déchainer ses fléaux
qui portent dans leur sein la ruine de nos propriétés et la
désolation dans les familles.

Nous n'objecterons point le défaut de ressources : malgré

(1) Notre paroisse en a fait l'heureuse expérience : malgré les souscriptions en faveur de l'église, non seulement nous avons maintenu sans abais-
sement le niveau, mais presque doublé les recettes de la Propagation de la
Foi, et le chiffre des sommes fournies par nous, y compris 300 intentions
de messes, s'élèvera, pour 1859, à mille francs.

L'œuvre de la Propagation et l'œuvre de l'Eglise, unies comme deux
bonnes sœurs, se prêtent ici un mutuel appui.

le malheur des temps, nous en avons encore de bien plus abondantes que n'en avaient nos pères, quand ils lançaient dans les airs ces superbes basiliques, quand ils les couvraient à l'intérieur d'ornements si gracieux et si délicats. Nous serons les imitateurs de leur piété. Pour nos pères, Dieu était Dieu, et ils le traitaient en Dieu. Ils ne se considéraient eux-mêmes que comme ses humbles serviteurs, comme des hommes mortels qui se tenaient prêts chaque jour à paraître devant lui. Dans cette pensée, plus occupés de l'âme que du corps, ils ne nourrissaient, ils ne paraient celui-ci qu'avec sobriété. A peine songeaient-ils à orner leur propre demeure, cette tente de voyage d'où la mort peut nous déloger ce soir ou demain matin. De là, ces immenses ressources laissées libres pour les œuvres de charité, pour les fondations pieuses, pour la splendeur du culte divin. Pour lui, ils ont épuisé toutes les ressources de l'art le plus raffiné; ils ont prodigué l'or, l'azur et les plus brillantes couleurs. Nous aussi nous prélèverons sur notre luxe exagéré un tribut pour le luxe pieux du culte divin. Si faible que soit ce tribut, avec la bénédiction de Dieu, il atteindra bientôt des proportions telles qu'il en pourra sortir un monument digne de la foi de nos pères.

Nous finirons en vous disant avec l'apôtre saint Paul : *Les quêtes se feront parmi vous de la manière qu'elles ont été réglées par le passé. C'est à chacun de vous de déterminer de lui-même et dans son cœur ce qu'il lui plaira de donner, de le mettre de côté d'avance et de le réserver avec soin* (1), comme étant la part que vous offrirez à Dieu au jour marqué, *et cela non point avec tristesse et par nécessité, car Dieu veut que la joie accompagne le don* (2).

Ce que nous vous demandons de faire cette année, vous le ferez pendant les cinq ans que durera la souscription;

(1) 2 Corinth., ix, 6.
(2) 2 Corinth., i, 2.

que si vous n'allez pas au devant des sollicitations qu'il nous
coûterait beaucoup de vous adresser de nouveau, nous con-
tinuerons à remplir auprès de vous le rôle de mendiant
obstiné. Nous aurons le courage de persévérer dans les im-
portunités de notre pénible devoir de solliciteur. On pourra
s'étonner de nous voir affronter avec témérité certains
obstacles, mais nous aurons la généreuse audace de la foi.
En tout cas, comme nul ne peut calculer à quelle dis-
tance de lui se trouve le terme de sa carrière, on nous
pardonnera de doubler la vitesse et la puissance de notre
travail, afin de laisser moins d'angoisses et de labeurs à
ceux qui doivent nous succéder.

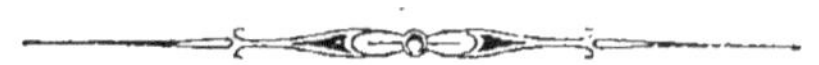

O Eglise ! ô maison de notre Dieu ! Elevez-vous sous la
double influence du progrès religieux et du sentiment profondément chrétien de notre catholique population ! Elevez-vous malgré les obstacles qui ne manquent jamais de
se rencontrer quand il s'agit d'une œuvre utile au bien et
glorieuse pour la vérité ! Ce n'est point un prince de la
terre que vous devez abriter, mais le Chef suprème des
rois et des peuples ! Elevez-vous, maison de notre Dieu !
nous avons hâte que la victime adorable offerte sur nos autels fasse monter vers le ciel le cri de son sang pour l'expia-
tion de nos péchés ! Elevez-vous, ô église sainte ! ouvrez
vos vastes nefs à ce peuple avide d'y être reçu pour adorer
l'Eternel ; jetez sur sa tête vos voûtes hardies, pour qu'il
les fasse retentir du chant de notre croyance dix-huit fois
séculaire et qui défie encore l'iniquité des âges futurs !.....
Heureux le jour où nous vous verrons venir chercher dans
cette nouvelle église l'objet de tant de vœux, qui va naître
en quelque sorte de votre piété, l'eau qui régénère, l'esprit
qui vivifie, le pain mystérieux du voyageur, le baume qui

guérit les plaies de l'âme, la grâce qui unit le cœur des époux, la prière qui honore la dépouille mortelle et délivre les âmes ! Ouvrez-vous, ô maison de notre Dieu ! afin que nous puissions contempler le sanctuaire vénéré de celle que les cieux et la terre appellent leur Reine, et que cette paroisse aime comme sa mère. Ciel, entends notre voix et nos serments : nous jurons de faire briller de l'éclat des richesses le sanctuaire de la Vierge Immaculée, si tu couvres notre projet de ta protection ! O Marie ! jetez un regard d'amour sur cette œuvre d'une paroisse qui vous est consacrée. Nous confions ce monument à votre maternelle sollicitude ; avec une telle garde, nous ne craignons plus rien. Vous vous élèverez, ô temple saint ! vous lancerez jusque dans les nues et sur le sommet de votre flèche aérienne la croix du Sauveur comme un symbole de foi, d'amour et d'espérance ; elle sera le bouclier de notre localité ; elle sera la joie du voyageur à qui ce signe rappellera qu'il foule un sol où Jésus-Christ est connu et aimé.

En attendant, ornons notre modeste église des ornements qui plaisent le plus au cœur de notre Dieu. Donnons-lui toujours la décoration d'une assistance nombreuse, pieuse et recueillie ! Venons immoler sur l'autel du sacrifice nos vices et nos passions. Venons y chercher la consolation de nos peines, la sanctification de nos joies, un avant-goût enfin des félicités que nous espérons goûter pleinement dans l'église éternelle du ciel.

Nimes. — Typographie BALLIVET, place du marché 8